Alles über Mama Muh

Bilderbücher
Mama Muh baut ein Baumhaus
Mama Muh braucht ein Pflaster
Mama Muh fährt Boot
Mama Muh fährt Schlitten
Mama Muh feiert Weihnachten
Mama Muh geht schwimmen
Mama Muh liest
Mama Muh räumt auf
Mama Muh schaukelt
Mama Muh spielt Sommer
Mama Muh und Krähe werden Freunde
Mama Muh will rutschen

Kinderbücher
Mama Muh und die Krähe
Mama Muh und der Kletterbaum

Die Geschichten von Mama Muh sind auch als Hörbücher
bei Oetinger Media erschienen.

MIX
Papier | Fördert gute Waldnutzung
FSC® C002795

21. Auflage

Die schwedische Originalausgabe erschien bei Rabén & Sjögren Bokförlag, Stockholm,
unter dem Titel »Mamma Mu städar«
Veröffentlicht mit Zustimmung von Rabén & Sjögren Agency
Covergestaltung: Die Thronverfolger, Manuela Kahnt
Druck und Bindung: Livonia Print SIA, Jurkalnes iela 15/25, LV-1046 Riga, Lettland
Printed 2024
ISBN 978-3-7891-7307-3

www.oetinger.de

JUJJA UND TOMAS WIESLANDER

MAMA MUH
RÄUMT AUF

BILDER VON SVEN NORDQVIST

Deutsch von Angelika Kutsch

Verlag Friedrich Oetinger · Hamburg

»Es ist Frühling!«, rief Mama Muh. »Ich will raus!«
Die Kühe hatten den ganzen langen Winter im Stall gestanden. Jetzt war der Schnee endlich geschmolzen.
Mama Muh öffnete die Stalltür und ging hinaus. Da entdeckte sie die Buschwindröschen. Die ganze Wiese hinterm Stall war voller Buschwindröschen.
»Na so was«, sagte sie. »Die Erde ist weiß. Es hat wieder geschneit. Schnee am Stängel.«
Sie pflückte ein paar Blumen.

Dann ging Mama Muh in den Stall zurück. In der Milchkammer fand sie ein Glas Milch. Sie steckte die Blumen in das Glas.

FLATTER, FLATTER, PLUMPS. Da kam die Krähe.

»Hallo, Krähe«, sagte Mama Muh. »Bist du das?«

»Mich trifft der Flügelschlag!«, rief die Krähe. »Das soll Wasser sein? Das soll Wasser sein! Du hast die Blumen ja in Milch gesteckt!«

»Aber, muh, Krähe«, sagte Mama Muh. »Darauf kommt's doch wohl nicht so an.«

»Nicht?«, sagte die Krähe. »Falsch – genau darauf kommt es an!«

Mama Muh ging zu einem der Fenster.
»Guck mal, Krähe«, sagte sie. »Die Scheiben sind voller Winterstaub.«
Sie fegte mit dem Schwanz ein bisschen Staub weg.
»Guck jetzt mal, Krähe«, sagte sie dann. »Jetzt kann man den Frühling sehen!«
Sie fegte den ganzen Fensterrahmen sauber und stellte das Glas mit den Blumen vors Fenster.
»So«, sagte sie. »Fertig!«
»Fertig!?« Die Krähe sah sich um. »Was ist fertig?«
»Der Frühjahrsputz.«
»Aber krächz! Und der Rest?«, rief die Krähe und flog in eine Ecke.

»Sieh mal hier«, sagte sie und blies.
Eine Staubwolke wirbelte auf.
»Und hier! Und hier! Und hier!« Die
Krähe flog im Stall herum und zeigte
auf all den Dreck.

»Du zeigst ja nur dahin, wo ich nichts getan habe«, sagte Mama Muh. »Guck dir lieber an, was ich getan habe. Ich hab Blumen gepflückt, das Fenster geputzt und gefegt. Das tut nicht jede Kuh.«

»Was tut nicht jede Kuh?«, fragte die Krähe.

»Nicht jede Kuh macht Frühjahrsputz«, sagte Mama Muh.

»Frühjahrsputz?!«, rief die Krähe. »Zupf mich an der Schwanzfeder! Du wedelst ein bisschen mit dem Schwanz, und das nennst du dann Frühjahrsputz. Übrigens, ich muss nach Hause.«

»Du musst schon nach Hause?«

»Krächz. Ich bin grad dabei, mein Krähennest zu putzen.«

»Wie kannst du gerade dein Krähennest putzen? Du bist doch hier?«

»Ich hab nur mal eben eine Pause gemacht. Jetzt ist die Pause vorbei. Tschüs.«

»Krächz!« Die Krähe flog mit rasender Geschwindigkeit in ihrem Krähennest herum. Sie holte Sachen hervor und stapelte sie auf dem Fußboden. Zuerst die Sachen, die nicht an ihrem richtigen Platz lagen. Es wurde ein riesiger Haufen.

Sie setzte sich mitten obenauf, schlug die Beine übereinander und sah zufrieden aus.

»Krächz! Jetzt bin ich fertig«, sagte sie und flog davon.

ALBYL
TABLETTER

FLATTER, FLATTER, PLUMPS. Die Krähe landete im Kuhstall. Als Mama Muh sie bemerkte, freute sie sich.
»Hallo, Krähe«, sagte sie. »Bist du das? Machst du keinen Frühjahrsputz mehr in deinem Krähennest?«
»Krächz«, sagte die Krähe. »Ich bin fertig. Schon lange.«
»Aber muh, schon lange? Wie hast du das denn geschafft?«
»Ich hab all meine Sachen mitten auf den Fußboden gelegt. So weiß ich wenigstens, wo sie sind.«
»Aber muh, du hast doch so viele Sachen«, sagte Mama Muh. »Dann ist es wohl ein sehr großer Haufen geworden, oder?«
»Na klar«, sagte die Krähe. »Groß, größer, am größten. Und noch größer als am größten. So hoch ist er geworden.«
»Oh«, sagte Mama Muh. »Sooo hoch? Aber wie willst du die Sachen wiederfinden, die ganz zuunterst liegen?«
»Ich hab alles zuoberst gelegt.«

Die Krähe warf sich in die Brust und sah sich um. Sie sah sehr zufrieden aus.

»Ich räum gern auf«, sagte sie. »Ich kann richtig gut aufräumen. Ich räume alles innerhalb von fünf Minuten auf.«

»Wirklich?«, fragte Mama Muh. »Aber doch wohl nicht im Kuhstall? Doch nicht innerhalb von fünf Minuten?«

»Krächz!«, sagte die Krähe. »Diesen Kuhstall? Den räum ich in fünf Sekunden auf.«

»Wirklich?«, sagte Mama Muh. »Wie denn?«

»In fünf Sekunden wirst du im ganzen Kuhstall kein bisschen Dreck mehr sehen. Bist du bereit?«

»Und ob, muh. Fang nur an!«

Die Krähe rief: »Eins, zwei, drei! Vier und ... fünf!«

KLICK.

»Aber, muh, Krähe, was hast du gemacht?«
»Ich hab natürlich das Licht ausgeknipst!«, rief die Krähe. »Das ist die schnellste Art aufzuräumen.«
»Das ist aber geschummelt, Krähe.«
»Geschummelt!«, rief die Krähe. »Was weiß schon eine Kuh, was Schummeln ist. Siehst du noch Dreck? Oder siehst du keinen Dreck?«
»Ich seh überhaupt nichts«, sagte Mama Muh.
»Na also!«, rief die Krähe. »Clever! Clever! Clever! Ich bin wirklich clever. Ziemlich clever, finde ich.«
Da knipste Mama Muh das Licht wieder an.
KLICK.

»Ich seh ihn«, sagte sie. »Der Dreck ist noch da.«
Die Krähe guckte in alle Richtungen.
»Was ist noch da?«, fragte sie. »Wo?« Sie rieb sich die Augen und guckte noch mal. »Ich seh nichts«, sagte sie. »Wovon redest du?«
»Vom Dreck, Krähe.«
Die Krähe flog auf. Sie schlug mit den Flügeln.
»Jetzt hab ich's!«, rief sie. »Der Bauer. Der hat doch einen großen Ventilator.«
»Meinst du den Lüfter, der immer bläst, damit das Heu trocken wird?«
»Bis gleich!«, rief die Krähe und flog zum Heuboden hinauf.
Mama Muh ging hinterher.

PUST, ÄCHZ! Die Krähe schob mit aller Kraft den Heulüfter heran.
Sie stellte ihn vor die offene Tür.
»Was willst du tun?«, fragte Mama Muh.
»Still, Kuh«, sagte die Krähe. »Ich arbeite!«
KLICK. Die Krähe stellte den Motor an.
BRUMM. Der Lüfter startete.
Die Flügel schnurrten herum. Schneller und schneller.
Das Geräusch klang wie ein Flugzeugmotor.

Heu wirbelte zur Tür hinaus. Mehr und mehr.
»Krächz!«, rief die Krähe. »Es funktioniert.
Der Lüfter ist wie ein großer Staubsauger.
Jetzt wird aller Dreck rausgeblasen.«
»Aber, muh, Krähe, jetzt wird ja auch alles Heu rausgeblasen.«
»Das stört mich gar nicht.«
»Aber was sollen wir im Winter fressen, Krähe?«
»Esst Pizza. Die mag ich gern.«
Da stellte Mama Muh den Lüfter ab.
KLICK.

»Ich hab nachgedacht«, sagte die Krähe. »Kühe bringen bloß alles durcheinander, wenn man bei ihnen Frühjahrsputz machen will. Kein Wunder, dass es im Stall so dreckig ist.«

»Aber, muh!«, rief Mama Muh. »Guck dir mal den Hof an, Krähe. Die Hühner haben einen furchtbaren Schreck gekriegt, der Hund bellt, die Katze hat sich versteckt, und überall liegt Heu herum. Wie sollen wir das wieder in den Stall kriegen?«

Die Krähe verkroch sich tief im Heu. Sie war kaum noch zu sehen. Nach einer Weile kam eine Stimme aus dem Heu.
»Wir? Welche wir?«
»Du zum Beispiel«, sagte Mama Muh. »Du hast es ja auch rausgeblasen.«
»Aber ich bin doch gar nicht da. Ich bin weg. Ich kann das Heu nicht wieder reinholen. Das muss der Bauer machen, das Heu reinholen. Dazu sind Bauern doch da.«

»Ich hab's!«, schrie die Krähe.
Sie schoss wie eine Rakete aus dem Heu und schlug mit den Flügeln. »Jetzt hab ich's!«
Sie landete und lief wieder los. Sie war so froh, dass sie im Laufen Purzelbäume schlug.

»Krächz!«, rief sie. »Warum ist mir das nicht gleich eingefallen! Darüber kann ich ein Buch schreiben: **WIE MAN EINEN KUHSTALL AUFRÄUMT** von **KRÄHE**.« Sie blieb bei einem leeren Eimer und einem großen Behälter stehen.
»Hier ist die Kalkfarbe, mit der der Bauer die Wände spritzt«, sagte die Krähe und kippte Farbe in den Eimer.
»Und hier ist die Spritze!«
Sie steckte die Spritze in die Farbe.
»Krächz!«, rief sie. »Die Krähe spritzt.«

»**SPRRRIIIITZ!**«, rief die Krähe. »Ich spritze wie verrückt.«
»Das seh ich«, sagte Mama Muh. »Der Stall wird immer weißer.«

»So, ja!«, rief die Krähe. »Weiß, weiß, weiß! Alles ist weiß. Blöd, dass mir das nicht eher eingefallen ist. Die Wände sind weiß, der Boden ist weiß. Und der Dreck ist weiß. Er ist nicht mehr zu sehen. Der Dreck ist ... weg!«

»Er ist noch da«, sagte Mama Muh ruhig.

»Aber er ist weiß!«, rief die Krähe. »Deswegen ist er nicht mehr zu sehen. Der Bauer wird staunen, wenn er kommt.«

»Das glaub ich auch«, sagte Mama Muh. »Die blaue Tür ist auch weiß.«

»Viel hübscher, find ich«, sagte die Krähe.

»Die Fenster sind ganz weiß. Man kann nicht mehr rausgucken.«

»Warum sollen Kühe auch dauernd rausgucken?«, fragte die Krähe.

»Und die weißen Buschwindröschen sind noch weißer geworden.«

»Warum sollten sie das nicht? Sie sind doch sowieso weiß.«

»Aber das Glas ist weiß und die Stängel und die Blätter.«

»Das nenn ich mir ein rechtes, echtes weißes Buschwindröschen.«

»Alle **KÜHE** sind weiß geworden, Krähe«, sagte Mama Muh.
»Viel hübscher als vorher, finde ich«, sagte die Krähe.
»Muh! Muh!«, machten die Kühe. Das klang, als ob sie ziemlich sauer wären.
»Wir finden uns aber nicht hübscher«, sagte Mama Muh. »Wisch uns ab.«
Die Krähe war sehr erstaunt.
»Abwischen?«, fragte sie. »Was abwischen? Wer?«
»Du, Krähe«, sagte Mama Muh. Ihre Stimme klang energisch. »Wisch die Farbe ab. Wisch uns alle ab. Wir wollen unsere braune Farbe wiederhaben.«
»Aber warum ausgerechnet **ICH**?!«
»**DU** hast uns doch bespritzt, Krähe.«
»Ich, ich, ich! Immer wenn einer im Stall arbeiten soll, dann bin ich das. Und was ist mit dem **BAUERN**? Soll der denn nie was tun? Ich kann faule Bauern nicht leiden.«
Mama Muh reichte der Krähe einen Lappen.
»Wischen, Krähe«, sagte sie.

Die Krähe war sauer. Sie murmelte vor sich hin:
»Räum auf, Krähe … Putz weg, Krähe … Wisch ab, Krähe. Immer die Krähe, nur die Krähe. Es muss doch wohl noch einen Bauern geben, der auch wo wischen kann. Warum müssen alle Türen immer blau sein? Und was ist falsch an wunderbar weißen Buschwindröschen? Man darf ja wohl mal fragen …«

»Muh, muh.«
Die Kühe wedelten mit den Schwänzen. Sie waren zufrieden.
»Jetzt haben wir unsere schöne braune Farbe wieder«, sagte Mama Muh.
Die Krähe war furchtbar sauer. Sie knurrte: »Braune Kühe sind grässlich hässlich.«
»Was hast du gesagt, Krähe?«, fragte Mama Muh.
»Ich muss nach Hause. Wie ist es bloß dazu gekommen, dass ich in einem Kuhstall aufgeräumt habe?«, sagte die Krähe und flog davon.
»Tschüs, Krähe«, sagte Mama Muh.
Aber das hörte die Krähe nicht mehr, denn sie war schon tief drinnen im Krähenwald.

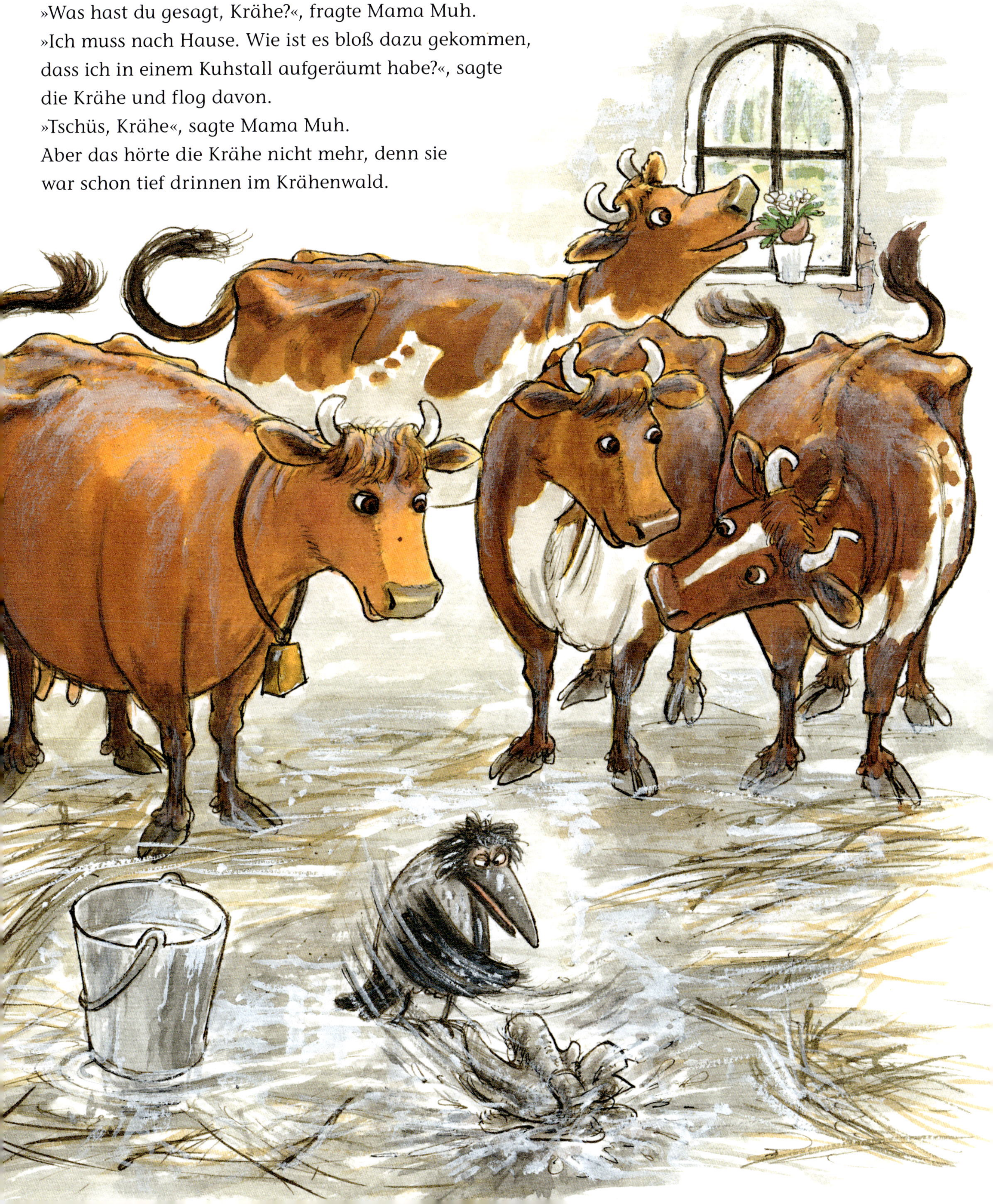

Mama Muh entdeckte den Hocker, auf dem der Bauer immer beim Melken saß. Sie nahm den Hocker, ging hinaus und setzte sich darauf. Sie schmeckte ein bisschen vom Frühling. Und dann dichtete sie ein kleines Frühlingsgedicht.

Juija Wieslander, 1944 geboren, erdachte gemeinsam mit ihrem Mann Tomas Wieslander (1940–1996) die Geschichten von der liebenswerten, wissbegierigen und so entdeckungsfreudigen Mama Muh, die Juija seit einigen Jahren fortschreibt. Das Autorenpaar produzierte Kindersendungen für den schwedischen Rundfunk, schrieb Lieder und Spiele für Kindergartenkinder und veröffentlichte international erfolgreiche Kinderbücher. Gemeinsam wurden sie mehrfach ausgezeichnet, u. a. mit einer Nominierung für den Deutschen Jugendliteraturpreis und dem schwedischen Kulturpreis »Heffaklumpen«. Juija Wieslander wurde mit dem Astrid Lindgren-Preis des schwedischen Verlages Rabén & Sjögren geehrt.

Sven Nordqvist, 1946 in Helsingborg/Schweden geboren, gehört zu den bekanntesten Bilderbuch-Künstlern der Gegenwart. Seine Geschichten vom pfiffigen Kater Findus und dem erfinderischen Pettersson werden von Kindern auf der ganzen Welt geliebt. Sven Nordqvist wurde u. a. mit dem Deutschen Jugendliteraturpreis und für sein Gesamtwerk mit dem schwedischen Astrid Lindgren-Preis ausgezeichnet. Für sein vor Fantasie schier überbordendes Bilderbuch »Wo ist meine Schwester?« erhielt er den renommierten August-(Strindberg)-Preis.

Alle Bilderbücher von Mama Muh, der neugierigsten Kuh der Welt!

Wieslander, Jujja & T. / Nordqvist, S.
Mama Muh baut ein Baumhaus
32 Seiten · Ab 4 Jahren
ISBN 978-3-7891-7305-9
ISBN 978-3-7891-0985-4 MIDI

Wieslander, Jujja / Nordqvist, Sven
Mama Muh braucht ein Pflaster
32 Seiten · Ab 4 Jahren
ISBN 978-3-7891-7319-6
ISBN 978-3-7891-0957-7 MIDI

Wieslander, Jujja / Nordqvist, Sven
Mama Muh fährt Boot
32 Seiten · Ab 4 Jahren
ISBN 978-3-7891-0430-5
ISBN 978-3-7891-1490-8 MIDI

Wieslander, Jujja & T. / Nordqvist, S.
Mama Muh fährt Schlitten
32 Seiten · Ab 4 Jahren
ISBN 978-3-7891-7304-2
ISBN 978-3-7891-0956-0 MIDI

Wieslander, Jujja / Nordqvist, Sven
Mama Muh feiert Weihnachten
32 Seiten · Ab 4 Jahren
ISBN 978-3-7891-7329-5
ISBN 978-3-7891-1372-7 MIDI

Wieslander, Jujja / Nordqvist, Sven
Mama Muh geht schwimmen
32 Seiten · Ab 4 Jahren
ISBN 978-3-7891-7875-7
ISBN 978-3-7891-0959-1 MIDI

Wieslander, Jujja / Nordqvist, Sven
Mama Muh liest
32 Seiten · Ab 4 Jahren
ISBN 978-3-7891-7336-3
ISBN 978-3-7891-1363-5 MIDI

Wieslander, Jujja / Nordqvist, Sven
Mama Muh räumt auf
32 Seiten · Ab 4 Jahren
ISBN 978-3-7891-7307-3
ISBN 978-3-7891-1062-7 MIDI

Wieslander, Jujja & T. / Nordqvist, S.
Mama Muh schaukelt
32 Seiten · Ab 4 Jahren
ISBN 978-3-7891-7303-5
ISBN 978-3-7891-1061-0 MIDI

Wieslander, Jujja / Nordqvist, Sven
Mama Muh spielt Sommer
32 Seiten · Ab 4 Jahren
ISBN 978-3-7891-0955-3
ISBN 978-3-7891-2119-7 MIDI

Wieslander, Jujja / Nordqvist, Sven
Mama Muh will rutschen
32 Seiten · Ab 4 Jahren
ISBN 978-3-7891-7315-8
ISBN 978-3-7891-1489-2 MIDI

Wieslander, Jujja / Nordqvist, Sven
Mama Muh und Krähe werden Freunde
32 Seiten · Ab 4 Jahren
ISBN 978-3-7512-0007-3

Oetinger

Weitere Informationen unter: **www.oetinger.de**